Dr DAGUILLON

ÉTUDE

SUR UN

MANUEL DE L'ASSISTANCE PUBLIQUE

EN PROVINCE

IMPRIMERIE OBERTHUR, RENNES-PARIS

1883

Dr DAGUILLON

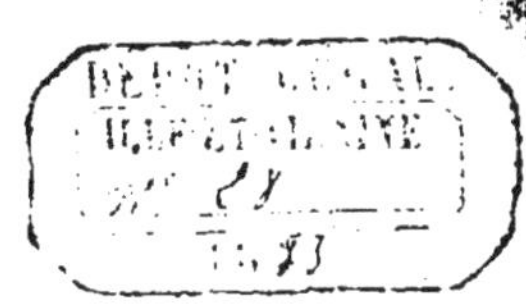

ÉTUDE

SUR UN

MANUEL DE L'ASSISTANCE PUBLIQUE

EN PROVINCE

IMPRIMERIE OBERTHUR, RENNES-PARIS

—

1883

A LA MÉMOIRE DE MA MÈRE

~~~~~~~

</div>

Tu as donné la semence.
J'ai labouré.
Dieu bénisse la moisson !

L. DAGUILLON.
~~~~~~~

INDEX BIBLIOGRAPHIQUE

*Répertoire de l'administration et de la comptabilité des établis-
sements de bienfaisance* (2 volumes), par E. Durieu et
Germain Roche, Paris 1842.

Traité des établissements de bienfaisance, par J. de Lamarque,
Berger-Levrault, Paris 1862.

*Les commissions administratives des hospices et des bureaux
de bienfaisance,* par Louis Pubaraud, Berger-Levrault,
Paris 1881.

La société française est minée, peut-être déjà énervée, par deux maladies :

L'une physique, la phthisie ;

L'autre morale, le politicisme.

Cette dernière a relâché ou brisé le lien de solidarité qui doit unir, pour le bien de la patrie, les hommes de toutes les classes et de tous les états.

C'est pour réagir contre ce danger qu'a été écrit ce livre.

N'est-ce pas l'exercice de la charité ou, si l'on a peur du mot, de la philanthropie, qui seul pourra cimenter les assises nouvelles, si mal préparées chez nous, d'un établissement démocratique ?

L'ouvrier des campagnes encore victime de l'ignorance, de la routine et des fléaux, et l'ouvrier des villes, qui a pris sa part de travail dans la lutte perpétuelle que l'humanité soutient contre la matière pour la dompter, n'ont-ils pas également des droits à être assistés, soit dans la maladie, soit dans le besoin ; à être soulagés dans l'âge mûr du lourd fardeau d'une nombreuse famille et soustraits dans la vieillesse à la misère sordide et aux tortures d'une agonie dénuée de tout ?

Je veux traiter d'une matière malheureusement neuve, peu familière aux esprits de notre pays et dont les éléments n'ont été élucidés que par des travaux rares et souvent trop arides; si je réussis incomplètement à la rendre intéressante pour tous, qu'il me soit, du moins, accordé cette bienveillance et cette paix promises aux hommes de bonne volonté.

L'assistance publique en province, et surtout dans les villes de médiocre importance, offre dans son fonctionnement bien des lacunes et des imperfections.

En décrivant, d'après les textes de lois et arrêtés, ce qui doit être, ce qui existe souvent, je chercherai à mettre en relief les *desiderata* qui me semblent regrettables; je me permettrai même, fort d'une expérience déjà longue, d'indiquer les solutions nécessaires, les additions désirables et l'organisation meilleure que j'entrevois dans l'avenir.

Mon livre se divise en deux parties :

Dans la première, je traiterai des institutions destinées aux indigents malades et valétudinaires.

Dans la deuxième, j'étudierai l'ensemble des établissements de secours destinés aux indigents valides et je trouverai pour me guider l'art. 6 de la loi du 19 mars 1793, relatif à la distribution du travail et des secours aux pauvres *valides* et *domiciliés*.

PREMIÈRE PARTIE

SECOURS AUX INDIGENTS MALADES

Les institutions de bienfaisance destinées aux malades et valétudinaires se divisent en deux groupes :

Les hôpitaux et les hospices.

Les premiers sont destinés à recevoir les hommes, les femmes, les enfants malades ou blessés, susceptibles de guérison par un traitement actif.

Les autres s'ouvrent aux vieillards, hommes et femmes, aux incurables et aux orphelins, pour lesquels le traitement médical, sans entrer en première ligne, doit cependant jouer un rôle et se combiner à l'observation attentive des lois de l'hygiène.

A ce groupe doivent se rattacher les établissements qui reçoivent les aliénés et les dépôts de mendicité, qu'il faudra reconstituer un jour.

La méthode que je suivrai dans l'exposition des divers sujets que je vais aborder sera la suivante.

Je décrirai successivement :

L'état actuel d'un service;

Ses lacunes ou imperfections;

Les voies et moyens;

Le budget;

La part relative que l'État, le département, la commune et les particuliers prennent, ou pourraient prendre, à la création, au fonctionnement et à l'alimentation de l'œuvre;

Les textes de lois, arrêtés et circulaires.

HOPITAUX

Il serait impossible de confondre dans un article utile les hôpitaux des grandes villes, Paris, Lyon, Bordeaux, Marseille, et ceux des villes de médiocre importance. Fidèle à l'esprit de la devise qui servit d'épigraphe au livre de Baglivi : *Scripsi sub sole romano*, bornons-nous à parler de ce qui nous touche et nous intéresse directement : l'hôpital du chef-lieu d'arrondissement.

Hôpital du chef-lieu.

Dans nos petites villes de Bretagne, l'hôpital doit s'ouvrir à tous les malades, quels que soient leur âge et leur maladie.

Depuis l'enfant au sein de sa mère jusqu'au vieillard qui s'incline sous le triple poids des ans, de la misère et de la maladie, il est nécessaire de pouvoir, le cas échéant, recevoir dans des salles séparées :

1º Les enfants en bas âge, malades ou blessés;

2º Les hommes de tout âge;

3º Les femmes malades, blessées ou en travail d'accouchement.

Relativement aux maladies, il faut ajouter au service médical et chirurgical :

Une salle d'accouchement ;

Une salle d'opérations ;

Un dispensaire et une salle de vénériens ;

Un bâtiment approprié à la garde et à l'observation des aliénés jusqu'à leur transfert dans un établissement spécial ;

Un pavillon séparé, disposé par chambrées de deux à trois malades, avec quelques cabinets d'isolement, serait tout à la fois pour l'hôpital une source de profits en y admettant des pensionnaires, et pour la population à l'aise de l'arrondissement, prêtres, fermiers et propriétaires, un objet de première utilité, partout où la maison de santé n'existe pas.

Après avoir indiqué à grands traits la population de l'*hôpital*, il faut étudier :

1º Le bâtiment et le matériel ;

2º Le personnel.

Bâtiments hospitaliers.

Un hôpital devrait toujours être établi sur un seul plan et renfermer :

Un rez-de-chaussée contenant toutes les salles, surélevé par de belles caves destinées au bois et aux provisions ;

Un étage mansardé pour les services accessoires : lingerie, magasins, etc. ;

(Cette disposition, comportant un développement étendu en surface, réclame un terrain considérable, et suffirait à exclure les hôpitaux du centre des villes, si leur présence n'y était d'ailleurs aussi préjudiciable aux voisins qu'aux malades) ;

Des salles de médiocre étendue, de vingt malades en moyenne, avec cabinets d'isolement et de surveillance, ventilées à l'aide de l'éclairage et du chauffage par différence de température ;

Des fenêtres larges et assez élevées pour affleurer le plafond, avec impostes à charnières ;

De larges portes et des dégagements faciles pour le service et le transport des malades ;

Une salle d'opérations à proximité des salles de chirurgie;

Des cours vastes, aspectées au levant et au midi, peu plantées, mais garnies de corbeilles de fleurs et de gazons, séparées par groupes importants de malades : femmes, enfants, hommes, dispensaire ;

Une cuisine vaste, isolée, mais au centre de l'établissement, avec le bûcher, les réserves et la dépense groupés à l'entour ;

Une chapelle d'accès facile pour tous, claire et assez aérée et ensoleillée pour que le séjour n'y soit pas dangereux pour les malades et pour les religieuses.

L'entrée doit se composer à droite et à gauche d'une porte charretière : 1º de la porterie et du bureau de l'économe ; 2º d'un cabinet de consultations gratuites.

Ainsi établi, l'hôpital devra être garni d'un matériel solide :

Lits en fer munis de planchettes à la tête et aux pieds, de colonnes et bras de potence en arrière pour la corde à poignée ;

Sommiers Tucker ;

Matelas piqués à quatre rangs ;

Traversins de crin ;

Coussins de balle d'avoine ;

Draps suffisamment longs et larges ;

Couvertures de laine et de coton ;

Tables de nuit à planchette mobile ;

Fontaines à eau chaude et eau froide, avec bassins et essuie-mains dans chaque salle ;

Table à manger ;

Tabourets mobiles.

Le magasin doit pouvoir fournir à tous les malades des vêtements chauds de grosse laine appropriés à leur sexe, leur âge et leur taille ;

Des chemises, caleçons, etc., en coton ;

Des gilets de flanelle et des bas de laine.

Le service des cuisines comprendra :

Le matériel fixe ;

Le matériel mobile ;

Assiettes, couverts et timbales en *métal ;*

Le service des salles, et spécialement des salles de chirurgie, réclame :

Un appareil garni ;

Du linge, compresses, bandes, etc. ;

Des cuvettes et pots en *métal.*

Des services accessoires.

Les services accessoires de l'hôpital : pharmacie, buanderie, lingerie et matelasserie, ne sont pas sans importance et réclameraient souvent une installation plus pratique et plus complète.

La pharmacie, confiée, suivant les circonstances, à une religieuse ou à un élève de 3e année en pharmacie, qui attendrait ainsi sa réception, doit avoir un laboratoire indépendant des cuisines, une tisanerie suffisante et un cabinet fermé à clef pour tous les médicaments internes ou externes en provision.

La buanderie, établie près d'un cours d'eau, ne se comprend pas dans nos pays pluvieux sans un séchoir, facile à établir en charpente au-dessus du rez-de-chaussée, ouvert à tous vents et garni de lames inclinées aux fenêtres.

Il serait même possible d'utiliser le vent pour établir sur tourelle un léger moulin à vent imprimant à des supports mobiles un mouvement circulaire, actionnant un ventilateur et produisant le séchage rapide et complet des lessives par le double effet du mouvement de l'air et de la force centrifuge.

La matelasserie a son importance pour le chirurgien ; il sait combien un matelas solide et bien établi rend de services dans le traitement des fractures et quelles souffrances imposent aux malades les matelas creux, mous, inégaux, où la malpropreté s'accumule nécessairement.

Une bibliothèque, empruntant aux écoles normales d'instituteurs leurs meilleurs traités et des livres d'histoire et de géographie, pourra admettre en petit nombre les romans français et étrangers de quelque valeur recommandés par la Société Franklin.

Personnel.

Le personnel comprend :
L'administration ;
Le service médical et chirurgical ;
La surveillance ;
L'exécution.

La question administrative n'est pas de notre ressort.
Elle est réglée par la loi.

Il ne nous convient pas de parler du service médical.

Arrivons donc immédiatement aux deux branches les
plus essentielles peut-être du personnel : la surveillance et
l'exécution.

Surveillance.

Ne nourrissant contre le service des surveillants laïques
aucun préjugé, n'oubliant ni ce qui existe en Algérie,
en Angleterre et en Hollande, ni l'illustre exemple
de Miss Nightingall en Crimée,

Réservant expressément la question d'avenir, nous
devons pour le moment reconnaître que le service d'un
hôpital en province ne peut être sérieusement et utilement
surveillé que par les religieuses vouées à cet emploi.

Tous les ordres n'ont pas à cet égard une valeur égale,
tous les sujets n'ont pas non plus une abnégation et une
intelligence identiques ; c'est aux supérieures à bien
éprouver les vocations, c'est au médecin à dresser ses
auxiliaires, c'est enfin aux administrateurs à s'adresser à
une congrégation qui ait fait ses preuves.

Ai-je besoin de dire que la question d'argent doit être
secondaire ; que des religieuses routinées au service hos-
pitalier seront pour la maison des économes vigilantes,
pour le médecin des aides comprenant à demi-mot, devi-
nant et saisissant les indications et sachant rendre compte
des péripéties du mal que, seules, elles auront constaté ?

Exécution.

La question des infirmiers et des infirmières est à remanier profondément.

Pour les infirmiers, il est facile d'établir que :

La médiocrité des ressources des hôpitaux civils en général,

L'ignorance et l'inaptitude des jeunes paysans qui se présentent pour remplir cet emploi,

Le désir légitime qui naît en eux, dès les premiers jours, de quitter une besogne répugnante et de gagner davantage,

Sont autant de causes d'instabilité dans le service, de mauvaise exécution des ordres donnés, de trouble pour les malades et les surveillantes.

Le remède est facile, et si la passion politique n'avait égaré le législateur, il serait déjà en vigueur.

Les ordres destinés à l'enseignement fournissent en temps de guerre les brancardiers naturels, les seuls qu'on trouvera dévoués et en nombre, et parmi eux se sont recrutés et se recruteront toujours les meilleurs infirmiers ; il faut, *en tout temps*, les préparer à ce service, et en les exemptant de la caserne et du service militaire, leur faire passer les trois ans réglementaires dans les hôpitaux militaires, civils et civils-militarisés, au prorata des besoins.

Pour un hôpital dont la moyenne annuelle comprend 240 malades dans 52 lits militaires et 35 lits civils, trois infirmiers sont nécessaires, et en les fournissant année par année, les plus anciens, préparés de longue date, deviendraient les moniteurs des autres et des supérieurs en grade. Ils utiliseraient leur instruction en donnant aux blessés, dont le séjour est si long à l'hôpital, quelques leçons à leur portée.

Pour exécuter des appareils ou les entretenir, pour tenir en bon état de réparations un établissement sujet à tant de délabrements, l'administration aurait avantage à prendre comme pensionnaire rétribué un ancien ouvrier charpentier, maréchal ou menuisier, en lui fournissant les outils et l'atelier.

Pour les salles de femmes, il est impossible de comprendre pourquoi les converses des ordres hospitaliers ne sont pas rétribuées comme infirmières, attachées au service et dressées, par une pratique prolongée, aux soins minutieux, aux délicates fonctions et à l'observation des malades, qu'on abandonne à des filles ramassées au hasard, incapables et souvent vicieuses, dont le moindre défaut est la mobilité incessante et sans motifs.

Il restera à pourvoir au dispensaire et à la salle d'accouchement : deux matrones, veuves ou habituées déjà à assister les femmes en couche, rechercheront ces emplois si on leur assure une rétribution légitime.

De la population malade de l'hôpital du chef-lieu.

L'hôpital du chef-lieu doit s'ouvrir aux indigents de la commune, et comme il est essentiellement un établissement communal, on pourrait penser qu'il y a lieu de s'en tenir là; mais l'intérêt supérieur de la santé publique doit étendre la sphère d'action d'un établissement pourvu de ressources médicales, chirurgicales et thérapeutiques impossibles à trouver ailleurs.

Non seulement les malades et surtout les blessés du canton devront être admis d'urgence, mais lorsque l'évacuation d'un malade de l'arrondissement sera demandée par le maire de sa commune, ce sera pour l'établissement un honneur, et pour le personnel administratif et médical un devoir que de l'accueillir.

Et bien loin de hérisser de barrières l'entrée de notre établissement, nous nous appliquerons à rendre l'abord facile et les conditions pécuniaires compatibles avec les situations diverses des malades et des communes.

Le placement peut avoir lieu : soit par l'engagement du bureau de charité de chaque commune pour la durée probable du traitement;

Soit par le dépôt d'une somme en provision par le malade ou ses patrons;

Soit par la concession faite par l'autorité administrative du placement, au compte du département, d'un indigent domicilié dans une commune pauvre et affecté d'un mal dont le traitement est urgent et peut amener la guérison.

Actuellement, lorsqu'un accident, une fracture de jambe, par exemple, vient frapper un indigent dans une commune rurale, il faut :

1º Que le maire réunisse le bureau de charité, s'il en existe un;

2º S'il n'existe pas, qu'il écrive au sous-préfet, qui transmet au préfet une demande de placement à l'hôpital sur les fonds départementaux;

3º Il faut que la réponse redescendant cette filière arrive au maire;

4º Qu'un voisin bienveillant se décide à se déranger pour conduire le malade à l'hôpital.

Je rougirais pour l'administration française d'indiquer le temps que toutes ces formalités réclament.

Pourquoi le maire, pourvu d'un certificat du médecin appelé près du malade ou du blessé, et vu l'urgence, n'adresserait-il pas sa demande au préfet directement et par dépêche télégraphique, pourquoi ce fonctionnaire ne l'autoriserait-il pas, par la même voie, à faire conduire aux frais de la commune, le jour même, à l'hôpital voisin, le malheureux dont le transport serait plus tard impossible et souvent inutile?

Bien longtemps avant nous, la charité avait ouvert une autre voie meilleure et nous aimerions à voir l'administration républicaine marcher largement sur ses pas.

Par suite de legs faits aux hôpitaux, certaines communes ont droit à un ou plusieurs lits pour des malades curables.

Pourquoi les communes qui ne jouissent pas de ce droit ne s'imposeraient-elles pas un sacrifice pour se l'assurer?

Une somme une fois versée capitalisant la dépense d'un malade pour un an, ou une rente calculée sur les mêmes éléments donnerait aux communes une propriété inaliénable, et les malades, au lieu d'attendre quinze jours le bon vouloir des administrateurs communaux ou départementaux entreraient d'urgence et en vertu d'un droit; si le lit ou les lits étaient déjà occupés, la commune n'aurait à s'imposer que le léger sacrifice de quelques journées en attendant la sortie du plus ancien malade.

Pour les habitants qui jouissent de quelque aisance, j'ai indiqué l'utilité d'un pavillon de pensionnaires.

Combien de prêtres, de fermiers et de petits propriétaires seraient heureux de payer une journée de 3 à 5 fr. pour être traités d'une affection grave, entourés de soins et de

2

ressources très coûteuses et souvent impossibles à se procurer à la campagne !

Avec un prix fixe de pension, il serait possible de faire varier la dépense suivant les cas, et de laisser au malade le choix de son médecin, à condition de le rétribuer.

Hôpital (*Voir État de renseignements pour le budget*, p. 66).

Lois, arrêtés, décrets, circulaires.

Loi du 19 mars 1793.
Loi de vendémiaire an II.
Loi du 16 vendémiaire an V.
Loi du 15 messidor an VII.
Ordonnance du 31 octobre 1821.
Loi du 18 juillet 1837.
Circulaire du 19 novembre 1835.
Loi du 30 juin 1838.
Règlement du 31 janvier 1840.
Loi du 5 août 1879.

HOSPICES DU CHEF-LIEU

Si l'hôpital offre un abri à un grand nombre d'indigents malades, il se ferme et doit se fermer devant cette nombreuse et intéressante population pour laquelle j'ai montré la nécessité d'un hospice.

N'ayant aucune sympathie pour les hospices généraux par département, je crois que chaque arrondissement doit fournir un abri à ses vieillards, indigents, hommes et femmes ;

Aux incurables ;

Aux orphelins ou assimilés.

Les aliénés sont la seule catégorie que je crois bon de réunir en une maison pour chaque sexe et encore est-il utile que ces maisons soient départementales.

Convient-il de réunir les vieillards et les enfants ?

Non, évidemment, toutes les fois que la séparation sera possible.

Mais les chiffres d'orphelins et de vieillards à recueillir seront bien inférieurs à ceux des malades, lorsque chaque chef-lieu de canton sera pourvu de l'établissement fondamental de toute assistance dans les campagnes, l'hospice cantonal dont nous parlerons bientôt en détail.

Notre hospice du chef-lieu, à part certains incurables réclamant un traitement chirurgical pour les ophtalmies, le cancer, etc..., n'aurait donc à recevoir que les indigents du canton et de la commune surtout ; la charge sera lourde encore, et avant d'entrer dans les détails d'installation, disons, pour calmer des appréhensions qui nuiraient à notre cause, comment nous comprenons qu'il soit pourvu à son entretien.

Certes, la commune pour les indigents de la ville, et les communes voisines pour les leurs, devront contribuer au prorata des admissions; mais un pareil service entraînerait une subvention excessive pour certains budgets s'il n'était fait appel largement, et sans défiances mesquines, à l'initiative et au concours généreux de la charité privée.

C'est ici que la loi de 1793 est encore bonne à invoquer; elle avait compris ce que les particuliers et surtout les femmes peuvent apporter de force, de ressources, et d'ingéniosité dans une semblable mission, et les agences qu'elle décrétait, subordonnées aux commissions administratives, mais plus nombreuses et spéciales à chaque commune, restent encore aujourd'hui un de ces *desiderata* qui font entrevoir combien étaient larges et intelligentes les prévisions du législateur d'alors, combien de pas, mais en sens rétrograde, nous avons faits depuis.

Loi du 19 mars 1793.

ART. 6. — Il sera formé dans chaque canton une agence chargée, sous la surveillance des corps administratifs et du Pouvoir exécutif, de la distribution du travail et des *secours* aux pauvres valides et *non valides* domiciliés qui se seront fait inscrire sur un registre ouvert à cet effet dans leur canton.

Décret du 28 juin 1793.

ARTICLE PREMIER. — Les agences de secours seront composées d'un citoyen et d'une citoyenne pris dans chaque commune.

ART. 2. — Dans les villes de 6,000 âmes et au-dessus, il y aura deux agences, l'une pour la ville, l'autre pour la campagne.

ART. 4. — Les membres de chaque agence seront nommés par les conseillers généraux (municipaux) des communes de l'arrondissement.

HOSPICE DES VIEILLARDS

Établissement et Matériel.

Ce que nous avons dit des hôpitaux pouvant en grande partie s'appliquer à un hospice, rendra plus rapides les indications relatives au bâtiment et au matériel de ce dernier établissement.

La nécessité d'une installation toute de plain-pied est moins évidente, le service est moins actif, et, en plaçant au rez-de-chaussée tous les estropiés, on peut disposer un premier étage, peut-être même un deuxième, pour les autres catégories.

La seule division qui s'impose est la séparation des sexes ; encore est-il plus avantageux que nuisible de les réunir dans le même établissement.

La cuisine et les services accessoires seront avec avantage modelés sur ce qui précède, mais une addition sera ici utile et avantageuse, le jardin n'est pour un hôpital qu'un moyen de se procurer des légumes, il réclame un jardinier, tout au moins, et quelques dépenses. A l'hospice, qui reçoit surtout des manouvriers, nul doute qu'on ne puisse employer bon nombre d'hommes à des travaux modérés et compatibles avec leur situation ; ce sera de plus pour sa population une sortie agréable et salutaire, qui diminuera pour les vieillards les effets physiques et moraux de la claustration succédant à la vie libre.

Les produits du jardin couvrant sa dépense, entreront en quantité dans le régime alimentaire, pour l'améliorer et écarter les propensions scorbutiques des agglomérations de vieillards.

Deux dortoirs, quelques cabinets ;

Un ou deux réfectoires ;

Un laboratoire pour les invalides occupés à de petits travaux manuels ;

De l'eau chaude et de l'eau froide dans une fontaine, à chaque étage ;

Une chapelle.

Personnel.

Le personnel comprend :

La commission administrative et l'économe ;

Le service médical ;

La surveillance et l'exécution.

Les petites sœurs des pauvres ont si parfaitement organisé leurs établissements, que c'est à leurs soins qu'on pourrait, avec le plus de sécurité, confier la surveillance de notre hospice.

Elles auraient besoin du concours d'un petit nombre d'aides, infirmiers et infirmières, assez forts pour rendre aux vieillards les services souvent laborieux que réclament leur âge et leur infirmité.

BUDJET DE L'HOSPICE
Du chef-lieu d'arrondissement.

COMPTE DE 1881

ÉTABLISSEMENT DE SAINTE-EUGÉNIE

Récapitulation des opérations effectuées dans le courant de l'année 1881.

RECETTES

Reliquat définitif de 1880...................	227	87
Souscriptions recueillies en 1881............	1.354	30
Subvention de l'État (1881)	300	»
Subvention du bureau de bienfaisance	1.800	»
Dons et aumônes à Sainte-Eugénie.........	1.121	10
Recettes diverses et produit du travail.......	679	99
Subvention extraordinaire du bureau de bienfaisance p^r achat de literie et d'habillement.	1.450	»
Produit de la loterie du 22 décembre 1881...	1 641	73
TOTAL des recettes.........	8.574	99

DÉPENSES

Pain.......................................	3.561	69
Épiceries, légumes, viande et comestibles....	1.223	65
Chauffage et éclairage	358	30
Blanchissage...........	347	30
A reporter..........	5.490	94

Report............	5.490	94
Effets d'habillement......................	490	65
Entretien du mobilier et des ustensiles......	178	95
Tabac, barbier, prêts, etc.................	309	55
Primes d'assurances, impôts..............	27	67
Entretien des bâtiments, grosses réparations.	586	76
Achat d'effets de literie et d'habillement.....	1.450	»
Frais funéraires	21	»
Total des dépenses........	8.555	52

RÉCAPITULATION POUR 1881

Les recettes s'élèvent à..............	8.574	99
Les dépenses à........................	8.555	52
Excédent des recettes sur les dépenses.	19	47

Règlement des hospices.

Ordonnance du 31 octobre 1821.
Circulaire du 19 novembre 1835.
Règlement sur le service intérieur du 31 janvier 1840.

ASILE DES ORPHELINS

S'il est possible d'admettre que l'hospice des vieillards tire quelques avantages de sa présence dans une ville, ou mieux, dans sa banlieue, aucune considération semblable ne doit militer contre le principe hygiénique et moral du placement des orphelins en pleine campagne.

C'est là seulement que s'offriront à bon compte les espaces étendus, réclamés pour l'installation d'un service bien organisé, savoir :

Un bâtiment simple et commode, des dépendances pour ateliers, un grand jardin maraîcher et fruitier ;

Assez de prairies et de cultures de racines pour assurer à la maison au moins un litre de lait par jour et par enfant.

Quelle sera la population de cette maison? Le chiffre est *a priori* difficile à établir, mais en comparant dans plusieurs départements le chiffre des enfants assistés à la population laborieuse, on arrive à une proportion de tant pour cent, en ne comprenant les enfants que depuis la sortie de nourrice jusqu'à douze ans.

A ce moment, l'école primaire supérieure s'ouvrira pour quelques-uns, dont les dispositions se seront manifestées dans la classe enfantine.

Le plus grand nombre, tous les garçons valides et les filles, nés de laboureurs, seront placés de gré à gré dans une bonne famille agricole, sous la surveillance de la commission chargée des hospices.

Les enfants des ouvriers des villes qui peuvent bénéficier du patronage d'amis de leurs parents, seront placés en apprentissage à la même époque, avec un contrat garantissant leur moralité, leur alimentation, leur instruction professionnelle.

Avec ce qu'ils auront appris à l'asile et les écoles du soir, il leur sera possible de compléter l'instruction élémentaire, qui ne doit être refusée à personne.

Nous voyons quelques avantages et aucun inconvénient à ce que le même établissement reçoive les enfants des deux sexes.

Sans doute, les dortoirs, les laboratoires et ateliers seront séparés, mais en faisant sortir, pour l'apprentissage, les garçons à douze ans, on pourra conserver les filles un peu plus tard, et leur constitution en bénéficiera.

Législation des orphelinats.

Lois des 8-25 juillet 1791.
Lois des 4-12 septembre 1791.
Lois des 19-21 janvier 1792.
Décrets des 28 juin — 8 juillet 1793.
Décret du 17 décembre 1796.
Règlement du 20 mars 1797.
Lois des 15-25 pluviôse an XIII.
Décret du 19 janvier 1811.
Instruction du 8 février 1823.
Ordonnance royale du 28 juin 1833.
Loi du 18 juillet 1837.
Loi du 10 mai 1838.
Circulaire du 13 août 1841.

SECOURS A DOMICILE

Les malades qui ont une famille capable de leur donner quelques soins et dont la surveillance n'exige que peu de connaissances,

Les mères de famille nécessaires au foyer domestique,

Les enfants dont le transport à l'hôpital serait dangereux ou pénible,

Forment un groupe, de jour en jour plus nombreux, auquel le bureau de bienfaisance et les sociétés maternelles viennent en aide de diverses manières.

C'est ici le cas d'examiner quels services rend et peut rendre le bureau de bienfaisance.

Ses ressources, lorsqu'il ne possède pas de rentes, sont très limitées, bornées à la subvention du conseil municipal, et doivent suffire à bien des exigences :

Les bons de pain et de viande aux indigents ;

Les secours pour loyers ;

Les vêtements pour adultes et enfants ;

Les médicaments pour les malades.

En ce qui concerne ces derniers, les médecins concourent généralement à titre gratuit à leur traitement, les pharmaciens font sur leur fourniture la remise la plus forte possible.

Une religieuse chargée de visiter les malades à domicile se charge de procurer et d'administrer, le cas échéant, les médicaments.

Disons-le bien haut, tout cela resterait au-dessous des besoins, si la charité privée, si les sociétés charitables surtout ne venaient en aide aux indigents et à la commune.

C'est surtout auprès des femmes en couche que se dépensent avec le plus de fruit et leur zèle et leurs ressources, draps, linges, objets divers, bois, vin, aliments réconfortants, etc., etc. Tout se trouve grâce à l'excellente organisation, à l'initiative généreuse des sociétés maternelles.

Mais le bureau de bienfaisance de chaque commune peut intervenir très utilement par une subvention aux sages-femmes qui sont, dans le plus grand nombre des cas, appelées à assister les femmes en couche; soit qu'on traite à forfait avec l'une d'elles, soit qu'un prix débattu à l'avance soit fixé pour chaque accouchement et payé sur états mensuels.

C'est là une bonne mesure qui fonctionne déjà dans les villes, mais qu'il serait désirable de voir s'étendre aux communes rurales.

Plus les occasions seront fréquentes pour les sages-femmes de se mettre en rapport avec la population indigente des campagnes, plus il leur sera facile de remplir la mission de propager la vaccine encore si incomplètement connue et appréciée.

Elles auront aussi des données plus certaines sur la santé et la moralité des nourrices qui leur sont demandées dans leur clientèle.

Leur ministère supprimerait peu à peu l'intervention toujours dangereuse et souvent déplorable des matrones dont la présence auprès des femmes est souvent, actuellement, une fâcheuse nécessité.

STATISTIQUE

Il n'existe en France qu'un petit nombre de bureaux de bienfaisance, ainsi que l'indique le tableau de statistique ci-joint :

ANNÉES	NOMBRE des communes	NOMBRE des bureaux	NOMBRE pr 100 communes	DÉPENSES	NOMBRE d'individus secourus	MOYENNE des secours par indigent
1871	35.989	12.867	36	26.719.002	1.347.386	16.82
1872	35.926	12.963	36	24.780.446	1.302.579	15.71
1873	35.926	12.989	36	25.821.161	1.312.847	15.64
1875	35.926	13.207	37	25.423.842	1.247.722	20.38
1877	36.036	13.440	37	27.535.614	1.251.028	22.01

En 1877, les 13,440 bureaux ont pu dépenser 27,535,614 fr.

Il serait désirable que dans chaque commune existât un bureau de bienfaisance destiné à soulager les souffrances des incurables, procurer aux malades indigents les secours médicaux et pharmaceutiques, assurer un asile aux vieillards et aux infirmes, prévenir l'abandon des enfants, combattre la désertion du foyer.

Les allocations votées par les conseils municipaux en faveur des bureaux de bienfaisance ou des établissements hospitaliers sont facultatives et ne peuvent, en vertu de la loi du 24 juillet 1867, être inscrites au budget ordinaire que lorsque ce budget pourvoit à toutes les dépenses obligatoires au moyen de ses ressources ordinaires.

L'art. 8 du projet de M. Tallon autorise les départements dont le budget est insuffisant à voter un centime additionnel aux quatre contributions directes, affecté spécialement à l'organisation des secours médicaux et pharmaceutiques, et l'art. 9 oblige les communes, en cas d'insuffisance des ressources spéciales de l'Assistance et des ressources ordinaires de leur budget, à s'imposer jusqu'à concurrence de deux centimes additionnels aux quatre contributions. L'art. 10 prévoit le cas où les départements, après avoir épuisé le maximum des contributions spéciales, n'ont pu cependant créer les ressources suffisantes pour l'organisation de l'Assistance médicale et où par conséquent l'État doit leur venir en aide.

Malheureusement il existe en France 16,489 communes qui ont de 100 à 500 habitants et 10,867 au-dessous de 1,000 habitants; ces 27,356 communes peuvent-elles créer un bureau de bienfaisance? M. Jules Siegfried propose, dans ce cas, un simple comité de secours nommé par le conseil municipal et la réunion de plusieurs communes en un seul bureau par un vote du conseil général.

Budget d'un bureau de bienfaisance.

<table>
<tr>
<td>

MINISTÈRE
DE L'AGRICULTURE
ET DU COMMERCE
—
STATISTIQUE GÉNÉRALE
—
Exécut. de la circulaire
du 26 février 1872.

</td>
<td>

BUREAU DE BIENFAISANCE
DE LA
Commune de Pontivy
ANNÉE 1881

</td>
<td>

DÉPARTEMENT
DU MORBIHAN
—
ARRONDISSEMENT
DE PONTIVY
—
CANTON
DE PONTIVY

</td>
</tr>
</table>

Nombre des individus secourus à domicile......................... 908 »

Recettes.

Revenus provenant des biens, immeubles et capitaux placés en rentes, produits des ventes de biens, meubles ou immeubles effectuées pendant l'année..	1.477 94
Subventions { de la commune	1.800 »
{ extraordinaires de l'État.............................	300 »
Recettes provenant de la charité publique ou privée. { Droit des pauvres sur le produit des spectacles, bals et concerts...............................	» »
{ Produit des quêtes, troncs, souscriptions, collectes.	454 »
{ Produit d'une loterie.............................	1.641 73
Autres recettes ordinaires ou extraordinaires......................	378 73
TOTAL......................	6.053 15
Fonds libres reportés de l'exercice précédent (1)......	2.494 23

Dépenses.

Dépenses d'administration. { Frais de bureau. { Personnel.....................	103 53
{ { Matériel.....................	10 85
{ Autres dépenses d'administration, entretien et réparation des immeubles, grosses constructions, etc...	3.347 17
Secours { en nature, évalués en argent. { Aliments.............................	1.442 10
{ { Vêtements.............................	» »
{ { Chauffage et éclairage.................	276 »
{ { Médicaments et soins médicaux........	1.288 22
{ { Autres secours en nature..............	454 75
{ en argent..................................	305 10
TOTAL......................	7.227 72
Placements,.................................	» »
Montant total en placement. { En immeubles.....................	» »
{ En rentes.....................	1.423 »

(1) Cette somme provient de souscriptions publiques et d'une subvention communale de 250 fr.

Législation des bureaux de bienfaisance.

(1) Loi du 19 mars 1793.
(2) Décret du 15 octobre 1793.
(3) Loi du 11 mai 1794.
(4) Loi du 7 frimaire an **V**.
(5) Décret du 12 juillet 1807.
(6) Ordonnance du 2 juillet 1816.
(7) Loi du 17 mai 1819.
(8) Ordonnance du 31 octobre 1821.
(9) Instruction du 8 février 1823.
         —   du 11 novembre 1827.
(10) Ordonnance du 6 juin 1830.
(11)   —   du 2 avril 1831.
         —   du 29 avril 1831.
Arrêté du 24 septembre 1831.
Instruction du 15 avril 1835.
Ordonnance du 31 mai 1838.

N. B. — Les documents entre crochets ont été recueillis dans une série d'articles intéressants relatifs à la médecine cantonale, publiés en 1881-1882, par M. le Dr MIGNEN, de Montaigu, dans le *Concours médical*.

SOCIÉTÉ MATERNELLE

ET ŒUVRE DES PAUVRES MALADES

La société maternelle, qu'il m'a été donné d'observer, étendant le champ de son dévouement, a pris le nom d'Œuvre des pauvres malades.

Aux femmes en couche (11 dans l'exercice 1880-1881) elle a joint : 8 incurables, 89 malades, 9 vieillards incapables de gagner leur vie, 7 enfants orphelins en nourrice ou apprentis, 38 familles ayant besoin d'un secours accidentel, 26 familles qui n'ont reçu que des vêtements. Total : 188 familles.

Elle se compose de 60 membres, dont la mission est :

1º De visiter les malades et les infirmes, de les secourir en fournissant aliments, literie, bois de chauffage, vêtements, de leur prêter du linge et de le faire blanchir ;

2º De venir en aide aux familles dont le chef est à l'hôpital;

3º De contribuer au payement des mois de nourrice et d'apprentissage ;

4º De vêtir les indigents.

En 1880-1881 elle a distribué 395 vêtements.

RECETTES ET DÉPENSES, ANNÉE 1880-1881.

Recettes.

Cotisations............................	690ᶠ »
Quêtes................................	664 20
Dons.................................	662 05
Offrandes volontaires reçues en novembre et en décembre 1880.......................	1,604 »
TOTAL des ressources.....	3,620ᶠ 25

Dépenses.

Pain..........	807ʰ 20
Viande, bouillon......................	551 05
Vin, chocolat, sucre, lait, tisanes	311 25
Blanchissage.............	69 95
Mois de nourrice et d'apprentissage	236 50
Lingerie, étoffes...	490 30
Façons................................	36 35
Chaussures	43 30
Loyers	80 »
Dépenses diverses : literie, mottes, bois, etc.	52 »
Apprentis habillés pour la confirmation....	244 »
TOTAL des dépenses	2,921ʰ 90

Balance.

Recettes......	3,620ʰ 25
Dépenses.........................	2,921 90
RESTE en caisse.........	698ʰ 35

L'inventaire du magasin devrait avoir place ici, il représente à peine une valeur de 200 fr.

DES DÉPOTS DE MENDICITÉ

L'ancien régime a eu l'initiative de cette création et Louis XIII fonda sous le titre d'*hôpitaux enfermés* quelques maisons où les *vagabonds* et *mendiants* étaient employés, les hommes à des ouvrages pénibles, les femmes et les enfants à filer et à faire des bas. Ils pouvaient être *chastiés* s'ils ne remplissaient pas leur tâche.

Une déclaration du 23 mars 1720 renouvelle l'ordre d'enfermer les *gueux valides* et *fainéants* et de leur imposer un *travail nécessaire*.

Un arrêt du conseil de 1767 établit les **maisons** de *correction* avec la même destination.

En 1789, il en existait trente-trois contenant de six à sept mille mendiants.

Transformées en maisons de répression à la charge de l'État, fixées au chef-lieu de chaque département par les décrets de 1791 et 1793, elles étaient surtout destinées à supprimer la *mendicité* et le *vagabondage*.

Napoléon, en juillet 1808, décréta la création dans chaque département d'un *dépôt de mendicité*, et comme on ne peut reprocher à cette époque la mollesse dans l'exécution, déjà cette institution nécessaire fonctionnait dans 37 départements et était créée dans 65 en 1815.

Depuis lors, cette origine a sans doute nui, près des gouvernements successifs, à ces établissements qui ont été laissés à la discrétion des conseils généraux, et pas n'est besoin de dire qu'on y a trouvé d'excellentes raisons économiques pour amoindrir et supprimer une dépense dont il fallait faire les fonds; il n'en resta que trois : Saint-Denis, Villers-Cotterets, Laon.

Le gouvernement de Louis-Philippe autorisa seulement l'établissement de quelques maisons communales et de refuges privés ou subventionnés.

Nous n'hésitons pas à demander la restauration partout, et en particulier dans notre pays, des *dépôts de mendicité départementaux*.

Les raisons qui nous déterminent sont de divers ordres.

Comme médecin légiste, nous avons souvent dû examiner ces idiots, ces innocents, suivant le terme bien impropre de nos campagnes, mis en état d'arrestation pour incendie, viol, assassinat, et qu'il fallait bien déclarer irresponsables.

Que deviennent-ils? L'asile des aliénés, s'ils y sont placés, les considérant comme incurables et très calmes, parce que la règle de la maison et la privation d'alcool a fait tomber leur effervescence, les renvoie bientôt à leur foyer. Quel foyer?

Dans le plus grand nombre des cas, l'administration mise en demeure de statuer les rend à leur famille. Quelle famille?

Indigents, vicieux et gouvernés par les instincts farouches et sournois de la bestialité, ils retournent au milieu de nos campagnes, échappant à la surveillance parmi les landes, les bois et les fossés.

Ils recommencent à attirer les enfants par des séductions puissantes à leur âge, et la démoralisation des jeunes filles, gagnant de proche en proche, comme une tache d'huile, étonne les familles et les autorités.

Qui a fait le mal? Un idiot, un innocent.

Voilà ce que j'ai vu.

Les épileptiques, si dangereux par la fureur homicide qui les saisit à l'improviste et souvent au réveil, sont éga-lement l'objet de poursuites judiciaires suivies d'ordonnances de non-lieu.

Après avoir frappé, tué quelquefois, la première victime qui s'est rencontrée sous leurs yeux, ils ne peuvent que recommencer, excités par les railleries, les vexations et le sentiment confus de l'aversion qu'ils inspirent.

A ces deux catégories viendraient se joindre tous les gens condamnés pour vagabondage et ceux à qui la mendicité sert de prétexte; ces groupes de *gueux valides* et *fainéants* ne seraient pas les moins nombreux.

La loi dit que les mendiants valides seront, à l'expiration de leur peine, envoyés dans un dépôt de mendicité; très souvent il n'en existe pas dans le département, en sorte que les mendiants ou vagabonds sortis de prison depuis 8 ou 15 jours se font de nouveau arrêter et condamner. On en voit qui ont 15 à 20 condamnations. Vient alors la surveillance de la haute police qui ne remédie à rien et aggrave le mal.

Sur 6 détenus dans une prison de province, on compte 3 récidivistes ayant respectivement 21, 22 et 24 condamnations.

Installations.

Le dépôt de mendicité (hommes et femmes réunis par département) doit être placé en pleine campagne, à longue distance de tout centre de population et des auberges.

Il ne manque pas, dans notre Bretagne, de landes encore incultes, mais susceptibles de défrichement et de drainage où une population souvent vigoureuse, sous la direction de surveillants choisis parmi les soldats sans punition de l'armée, arrivera rapidement à créer des cultures.

Un très grand jardin maraîcher, des prairies naturelles et artificielles, des cultures de racines et de blé occuperont utilement et d'une manière hygiénique tous les hommes et bon nombre de femmes élevés dans les champs, habitués à un travail pénible, à une nourriture plus que sobre, à une misère extrême.

Nous comprenons le dépôt de mendicité organisé comme un camp, construit en rez-de-chaussée surélevé sur le modèle des baraques qui abritent nos soldats.

Les étables, sainement, mais simplement bâties, devraient recevoir de nombreuses vaches, fournir beaucoup de laitage et de fumier, et je n'oublierai pas la fosse à purin, la grande lacune de notre agriculture bretonne.

Il sera de toute justice d'intéresser, dans une mesure équitable, les bons travailleurs par une rétribution qui leur permette de se donner quelques douceurs, et surtout de se constituer une masse pour l'époque de la sortie.

L'idiot vieillit vite, et quand il aura dépassé l'âge adulte et la maturité, s'il trouve une famille de laboureurs qui veuille le recueillir, on peut espérer que son intelligence un peu éclairée et sa moralité développée par un enseignement simple, régulier et quotidien, lui permettront de rentrer, sans la troubler, dans la société de ses parents et amis.

La direction doit être d'une haute moralité; un aumônier qu'il faudrait prendre parmi les missionnaires déjà fatigués par leur apostolat, en sera le meilleur organe.

Une étude sur le budget peut s'appuyer :

1º Sur celui d'un hospice de vieillards;

2º Sur le budget d'un dépôt de mendicité : Villers-Cotterets, Laon, Orléans;

3º Sur les résultats acquis dans l'Orne.

Lois et circulaires.

Mandement du 27 août 1612.

Édit de juin 1662.

Déclaration du 23 mars 1720.

Arrêt du 21 septembre 1767.

Décrets des 18-25 février 1791.

— des 29 mars-3 avril 1791.

— du 15 octobre 1793.

Note du 2 septembre 1807.

— du 14 novembre 1807.

Décret du 18 novembre 1807.

— du 5 juillet 1808.

Règlement du 27 octobre 1808.

Instruction ministérielle du 19 décembre 1808.

— — du 7 novembre 1815.

— — du 6 février 1816.

Circulaire du 17 mars 1817.

Lettre du 3 juillet 1839.

ASILE DES ALIÉNÉS

La loi des aliénés la plus attaquée et la plus parfaite
peut-être des lois d'assistance médicale, a disposé avec
une grande sagesse et un respect nouveau de la personna-
lité humaine que le fou ne devrait plus être enfermé dans
une prison, mais dans un hôpital; ne devrait plus être
chargé de chaînes, mais uniquement mis dans l'impossi-
bilité de nuire à lui-même et aux autres.

En conséquence, c'est dans l'hospice cantonal pour les
communes agricoles et à l'hôpital du chef-lieu, autant que
possible, que doit être conduit le malheureux qui donne
des signes d'aliénation.

Il ne faut pas se dissimuler que c'est là pour les hôpitaux
une charge considérable. Sans doute ce séjour ne doit être
que temporaire. Il s'agit de constater par un examen
médical la réalité de la folie, de dresser un certificat qui,
joint aux pièces établissant l'identité du malade, doit être
adressé au préfet qui a seul qualité pour ordonner le
transfert et le placement du sujet dans un asile (1).

C'est là seulement qu'un traitement effectif peut être
commencé, et il y aurait, pour le malade et pour les
hôpitaux qui les reçoivent, le plus grand intérêt à ce que
ces formalités administratives fussent réduites à ce qui est
essentiel et légal, et surtout abrégées comme durée.

Il n'est pas rare de voir des aliénés fous furieux passer
plusieurs semaines dans les cabanons où aucun traitement

---

(1) On doit considérer comme un progrès sérieux la substitution
de l'autorité judiciaire à l'autorité administrative proposée dans le
projet de loi soumis aux chambres.

n'est possible. Et nul doute que pendant ce temps le mal ne s'aggrave et devienne plus incurable. Quelquefois le retard provient des maires empressés à se débarrasser du sujet dangereux, mais très lents à expédier les pièces que réclame l'administration centrale. Souvent c'est dans les bureaux de la sous-préfecture ou de la préfecture que s'immobilise le dossier complet et adressé d'urgence.

En tout cas, il semble que l'hôpital doit être fondé à réclamer un prix de journée supérieur à un franc, car aux dépenses habituelles d'alimentation se joignent les dégâts comme matériel et vêtements, habituels en pareilles circonstances.

Par contre, l'administration serait en droit d'exiger que les cabanons destinés aux fous ne soient pas plus affreux et plus malsains que les cachots des prisons. L'air, le jour, la chaleur, sont nécessaires à l'aliéné comme aux autres malades. Certains établissements l'ont trop oublié.

Nous n'entrerons pas dans les détails de l'organisation et des installations du service départemental des aliénés, la loi et les règlements ont tracé avec une rare exactitude les règles auxquelles l'administration doit se conformer, et s'il est accordé aux conseils généraux une part de responsabilité, leur initiative ne peut supprimer et modifier les prescriptions essentielles, telles que :

Séparation des sexes ;

Placement le plus possible à la campagne ;

Vaste terrain pour le travail au grand air et l'exercice ;

Contrôle des décisions administratives par des certificats médicaux multiples, visites périodiques de l'autorité judiciaire ;

Régime abondant, surveillance attentive.

Statistique des asiles d'aliénés.

Nombre des asiles. — Au 31 décembre 1853, on comptait en France 111 établissements d'aliénés, comprenant 65 asiles publics et 46 asiles privés. Sur les 86 départements, 34 seulement étaient propriétaires d'un ou de plusieurs établissements de ce genre. Trois seulement (Gironde, Nord et Seine-Inférieure) en ont chacun 2, les 31 autres n'en ont qu'un seul, ce qui porte à 37 le nombre des asiles entretenus par les départements.

Dépenses et recettes. — En 1853, les dépenses effectuées par les asiles départementaux se sont élevées à 5,821,427 fr. ; les dépenses soldées à 5,610,785 fr., d'où résulte un excédent de recettes de 210,642 fr.

Nombre des aliénés indigents. — Le nombre des aliénés en tout ou en partie à la charge des départements s'est élevé, du 1er janvier au 31 décembre 1853, à 23,021. C'est plus de 70 % des aliénés qui ont été traités, pendant la même année, dans les asiles tant publics que privés. Sur les 23,021 aliénés indigents, le département de la Seine en a eu à lui seul 2,853 à sa charge, soit près de 12 % du nombre total ; le Nord en a eu 909 ou 3,95 % ; le Rhône 685 ou 2,98 % ; les Côtes-du-Nord 674 ou 2,93 % ; le Maine-et-Loire 632 ou 2,74 %.

Les aliénés à la charge des départements pendant l'année 1853, ont été traités, savoir :

Dans les asiles départementaux.. 11,831 soit 51,40 %.
    — quartiers d'hospice..... 6,327 — 27,48 %.
    — établissements privés... 4,863 — 21,12 %.

        TOTAL ÉGAL...... 23,021

Sur ces 23,021 aliénés, 6,337 ont été envoyés hors de leur département, ou 27 % du chiffre total.

Prix de journée d'entretien des aliénés indigents. — En 1853, le prix de journée payé par les départements pour l'entretien, le séjour et le traitement des aliénés à leur charge, a varié, savoir :

1º Dans les asiles départementaux, de 0 fr. 58 à 1 fr. 25 ;

2º Dans les quartiers d'hospice, de 0 fr. 75 à 1 fr. 50 ;

3º Dans les établissements privés, de 0 fr. 68 à 1 fr. 50.

Il résulte de ces chiffres que le prix de journée des aliénés n'a pas dépassé 1 fr. 50.

Dépenses occasionnées en 1853 par le service des aliénés. — L'entretien et la translation des 23,021 aliénés traités en 1853, aux frais des départements, ont occasionné dans la même année une dépense de 7,006,327 fr. 76, non compris les dépenses de ceux dont la pension a été entièrement payée, soit par eux-mêmes, soit par leurs familles.

Les dépenses effectuées en 1853 ont été supportées ainsi qu'il suit, savoir :

Dépenses à la charge des départements.	4,894,904ᶠ 76 soit	69ᶠ 86 %
— des communes et des hospices...	1,741,026 99 —	24 85 %
— des familles......	370,396 01 —	5 29 %
SOMME ÉGALE......	7,006,327ᶠ 76	

Législation.

Loi des 16-24 août 1790.

Loi du 30 juin 1838.

Circulaire du 23 juillet 1838.

     — du 18 septembre 1838.

     — du 10 avril 1839.

     — du 5 juillet 1839.

     — du 5 août 1839.

Ordonnance du 18 décembre 1839.

Circulaire du 28 décembre 1839.

     — du 25 juin 1840.

     — du 5 août 1840.

     — du 14 août 1840.

     — du 16 août 1840.

     — du 25 décembre 1840.

     — du 1er février 1841.

ASSISTANCE DES MALADES

DANS LES CAMPAGNES

L'assistance médicale dans les campagnes comporte des développements encore en germe, mais que le sentiment de la justice et du droit ne peut, dans une démocratie, laisser indéfiniment en souffrance.

Nous traiterons successivement des médecins communaux et des hospices, puis du service des épidémies qui doit venir compléter en cas de nécessité les ressources habituelles.

Nous faisons de l'hospice cantonal la base fondamentale de l'assistance publique dans les campagnes.

C'est le seul moyen de mettre les secours médicaux et chirurgicaux à portée des besoins, de fixer dans les cantons pauvres où la clientèle est nombreuse, mais peu rémunératrice, un médecin instruit, actif et assuré de l'avenir de sa famille ;

De donner à ce chef de service des auxiliaires habitués aux soins des maladies graves, aux opérations et à la pharmacie.

Le nombre des cantons dépourvus de médecins est véritablement effrayant et s'il est possible de compter sur le dévouement des médecins du voisinage, il ne faut pas se dissimuler que la longueur du trajet qui en résulte, élève les frais, diminue les chances de succès, et dans une certaine mesure justifie l'abandon que beaucoup de campagnards font d'eux-mêmes aux efforts de la nature ou à l'intervention désastreuse des médications les moins autorisées.

Tableau des dépenses par indigent secouru.

Grande-Bretagne	184ʳ20
Bavière	73 57
Norwège	72 87
Pays-Bas	48 38
Wurtemberg	45 »
Autriche	37 32
Belgique	14 82
France	11 55

Organisation.

L'assistance médicale des indigents des campagnes est établie en France dans quarante-deux départements.

Plusieurs systèmes ont été proposés ou sont adoptés pour son organisation :

1º Médecine cantonale pure, avec un seul médecin par canton et un ou plusieurs adjoints (Alsace) ;

2º Circonscriptions médicales plus ou moins étendues, avec un médecin nommé par l'administration et recevant une allocation annuelle fixe (Nièvre, Cher, Loiret) ;

3º Une ou plusieurs circonscriptions par canton ; traitement fixe et traitement proportionnel au prorata des visites et consultations (projet Eugène Tallon et H. Fournier);

4º Liberté pour le malade de choisir son médecin, rémunération par visite et consultation (projet Roussel et Morvan), système Landais ;

5º Établissement de nombreux hospices cantonaux et de bureaux de bienfaisance pour les malades indigents ;

6º Liberté absolue, charité individuelle sans attaches administratives.

Nous prenons pour type des trois premiers groupes le règlement de la médecine cantonale dans la Sarthe. Le département est divisé en un nombre illimité de circonscriptions à chacune desquelles est attaché un médecin cantonal nommé par le préfet et qui a droit à une indemnité annuelle accordée sur les fonds votés pour cet objet par le conseil général.

Des pharmaciens cantonaux nommés aussi par le préfet délivrent gratuitement aux indigents les médicaments prescrits; chaque année ils fournissent un mémoire établi suivant un tarif spécial et acquitté par le percepteur sur les fonds des communes.

Une commission de trois membres, nommés parmi les médecins du Mans par le préfet et désignés sous le nom de comité consultatif de la médecine cantonale, établit le chiffre de l'indemnité accordée annuellement à chaque médecin cantonal, approuve, après vérification, les mémoires des pharmaciens cantonaux et donne son avis au préfet sur toutes les questions relatives au service.

Toutes les communes du département, en ce qui concerne le service médical et pharmaceutique des pauvres, sont soumises au règlement de la médecine cantonale.

Le médecin et le pharmacien cantonaux seuls peuvent gratuitement visiter les indigents de leur circonscription ou leur fournir des médicaments. Le médecin non cantonal qui donnerait ses soins aux pauvres n'a pas plus de droit à une indemnité que le pharmacien cantonal qui exécuterait son ordonnance. Il en est de même du pharmacien non cantonal qui fournirait des médicaments prescrits par un médecin cantonal.

Conclusions. — Le vice de toute cette organisation peut se résumer en ces deux termes :

1º Le malade n'est pas libre de choisir son médecin ;

2º Le médecin cantonal, fonctionnaire du préfet, placé sous la dépendance blessante de ses confrères du comité, n'est pas libre à l'égard des clients.

Dans le système Landais (liberté pour le malade de choisir son médecin), il faut admettre : 1º la part prise par le médecin à la formation des listes d'indigents ; 2º l'obligation pour les communes de voter une somme de 1 fr. à 1 fr. 50 par indigent inscrit, de manière à constituer par indigent malade une somme de 5 à 6 fr. destinés à solder les dépenses du service (médecins, sages-femmes, pharmaciens) ; 3º la rétribution des honoraires des médecins et sages-femmes, au prorata de leurs visites et opérations, en tenant compte des distances et suivant application d'un tarif fixé d'avance avec réduction sur les prix ordinaires ; 4º le payement des médicaments fournis par le pharmacien, au choix du malade d'après un tarif réduit et consenti à l'avance ; 5º l'adoption du système de la liberté au tarif fixe, comme étant le plus favorable aux intérêts généraux et particuliers, matériels et moraux, soit du médecin, soit du malade.

Dans ce système, tout médecin, toute sage-femme, tout pharmacien peut concourir à l'assistance des indigents, pourvu qu'il se conforme, dans ses prix, à un tarif convenu ou même au plus bas prix de sa clientèle ordinaire. Le tarif variera suivant les localités, en sorte que les pays riches payeront un peu plus que les pays pauvres ; on évalue en général la visite à 1 fr. ou 1 fr. 25 ; on arrive, sur cette base, à une dépense moyenne de 12 fr. par indigent, tout secours compris.

La dépense se solde sur le vu des feuilles de visites et des ordonnances, par une caisse centrale, avec les fonds proportionnels des communes ou du département.

Le système de la liberté du malade dans le choix de son médecin est organisé dans plusieurs départements par circonscriptions médicales.

On détermine alors la région dans laquelle chaque médecin agit. La circonscription prend ordinairement son centre au domicile même du médecin. Les bureaux de bienfaisance ou, à leur défaut, les communes comprises dans ce périmètre établissent une liste de gratuité ; les indigents inscrits reçoivent des bons de visite toutes les fois qu'une maladie se déclare dans la famille assistée ; on leur remet aussi un livret sur lequel s'inscrivent les visites. Dans les limites de la circonscription, le malade indigent peut appeler tout médecin résidant qui a accepté les statuts du service médical d'assistance. Le médecin note ses visites sur le livret, ce qui lui permet de réclamer ultérieurement le prix de ses soins d'après le tarif déterminé.

La qualité de médecin de la circonscription ne constitue cependant pas pour le titulaire un droit de monopole ; tout autre que lui peut être appelé, mais à la condition qu'il viendra aux conditions du tarif de la circonscription ; de telle sorte que le budget de la caisse centrale n'en soit pas plus lourdement grevé.

———

Ressources financières de la médecine cantonale.

Le projet de loi du D\u02b3 Roussel pose en principe que l'assistance médicale des indigents est obligatoire pour toutes les communes, mais que l'insuffisance des ressources d'un grand nombre d'entre elles exige l'assistance du département et de l'État. Il recherche ensuite quel est l'effort contributif que les pouvoirs publics peuvent imposer aux communes, aux départements et à l'État et quelle doit être la part à mettre à la charge des trois groupes intéressés.

Dépenses. — Pour éviter tout mécompte, il admet la proportion de 1 indigent sur 10 habitants ; pour 25,495,021 habitants de communes rurales le chiffre des indigents serait de 2,549,502.

La proportion des malades est de 1 sur 3 indigents 1/2, et chaque malade a coûté en moyenne 5 fr. (médicaments compris). Répartissant la dépense sur le total des indigents, on arrive au chiffre de 1 fr. 40 par tête d'indigent, mais ces chiffres paraissant à juste raison trop faibles, le docteur Roussel admet un chiffre moyen de 2 fr. 20 par tête d'indigent, dont 1 fr. 50 pour les soins médicaux et 0 fr. 70 pour les médicaments. L'ensemble du traitement s'élève ainsi à 7 fr. 50 par malade.

Les accouchements sont comptés à part; il est alloué 6 fr. pour chacun d'eux.

Pour les indigents à l'hôpital, il faut admettre une dépense annuelle de 5,000 fr. par département.

En résumé, les dépenses du service seraient :

Frais médicaux (visites et consultations)................	2,549,502 × 1ʳ50 =	3,824,253ʳ »
Frais pharmaceutiques.......	2,549,502 × 0 70 =	1,784,651 40
Accouchements.............	67,092 × 6 » =	402,552 »
Frais dans les hôpitaux, 84 départ. × 5,000ʳ =		435,000 »
	TOTAL........	6,446,456ʳ 40

Répartition de la dépense. — Dans le rapport officiel du 24 avril 1867 la charge existant alors était répartie dans les proportions suivantes :

Les communes y contribuaient pour les 6/10;

Les départements pour les 3/10;

L'État et les dons particuliers pour 1/10.

La part de 6/10 faite aux communes serait trop onéreuse pour beaucoup d'entre elles; celle de 1/10 faite à l'État est trop faible. On peut équitablement porter la charge des communes aux 3/6 de la dépense totale; celle du département à 2/6; celle de l'État à 1/6.

Ressources à créer. — Pour assurer le service il suffit, dit le docteur Roussel, que la dépense des communes soit déclarée obligatoire jusqu'à concurrence d'une somme égale au produit de 2 centimes additionnels au principal des quatre contributions directes, que le département soit soumis à la même dépense obligatoire jusqu'à concurrence d'une somme égale au produit d'un centime.

Le centime, pour la France entière, représente un produit de 3,113,000 fr. Les deux centimes peuvent être considérés comme ne produisant guère que cette somme, car la population des communes rurales qui forme les 2/3 de la population totale de la France, est la partie la moins riche, celle dont le centime est le moins productif.

Inscrivons donc le produit des deux centimes communaux pour.............................. 3,113,000 fr.

Centime départemental (diminué des 449,000 fr. du département de la Seine).. 2,664,000

Sixième de la dépense fournie par l'État. 1,000,000

TOTAL........ 6,777,000 fr.

qui dépasse de 100,000 fr. le chiffre des dépenses prévues.

MÉDECINS COMMUNAUX

Pour qui connaît l'esprit de nos campagnes, où le sentiment de la famille et la vanité éloignent de l'hôpital le plus grand nombre des malades et surtout les femmes et les enfants, l'institution des médecins communaux, en Algérie médecins de colonisation, est appelée à rendre les services les plus nombreux, sinon les plus importants aux familles rurales.

L'indigent seul profitera de l'hospice ; combien le canton renferme-t-il de ménages réellement pauvres, mais que la maladie seule du chef de famille fait passer d'une vie difficile aux extrémités de la misère ?

En fixant un médecin au chef-lieu de canton on rapproche les secours et on rend possible à moindres frais le traitement rapide de bien des maladies.

Si de plus chaque commune, par son bureau de bienfaisance, traite avec le médecin pour un prix de visite réservé aux indigents, si la fourniture des médicaments est assurée aux mêmes conditions, on verra bientôt se modifier l'état sanitaire si inquiétant de quelques localités.

Un grand nombre de villages, par leur position ou l'aménagement des cours d'eau, sont fréquemment le siège d'épidémies, de fièvres pernicieuses, rémittentes, typhoïdes, de dysenteries, de croup, etc.

Sur le chiffre de malades, la mortalité s'élève à une proportion inconnue ailleurs, et le reste traîne des mois entiers sans forces pour le travail, sans résistances aux influences nuisibles.

Nous prévoyons bien quelle objection nous sera faite, fondée en apparence sur la pauvreté du budget des communes rurales les plus éprouvées ; mais nous croyons qu'un examen plus attentif et plus judicieux de leurs véritables intérêts devra pousser les conseils municipaux à favoriser l'établissement de ce service.

Que chaque propriétaire compte la perte de journées de travail survenant presque toujours dans la saison des opérations agricoles les plus pressantes, et par conséquent la perte pécuniaire réelle que lui impose la maladie de ses ouvriers, et qu'il calcule s'il n'aurait pas avantage à payer quelques visites de médecins ou mieux à s'assurer

Nота. — Le complément nécessaire de cette organisation serait une loi d'expropriation pour cause de salubrité publique, qui permette à l'administration d'entreprendre l'assainissement des communaux et des parties de propriétés marécageuses et notoirement nuisibles. Actuellement les particuliers et les communes ont le droit d'opposer une résistance invincible à ces travaux et, sous prétexte de pâturages, ils en abusent à leur détriment.

contre ces mauvaises chances par une cotisation versée au budget des secours médicaux de sa commune.

Le médecin devra-t-il être astreint à des tournées périodiques?

Une assez longue expérience de ces services nous fait penser qu'elles sont au moins inutiles.

Il y a des temps de grands besoins médicaux dans les campagnes où toute l'activité d'un homme vigoureux suffit à peine.

Il y a des temps, heureusement assez longs, pendant lesquels le médecin, en se rendant au village, ne trouverait aucun malade et doit se borner à répondre aux appels qui lui sont adressés.

Ces temps de calme ne sont pas inutiles, ils permettent aux forces de se retremper et à l'esprit de se tenir au courant des progrès. Pour le chirurgien, ils sont le moment le plus favorable à certaines opérations.

On ne peut passer sous silence les établissements si nombreux fondés dans les communes riches, par les divers ordres de religieuses et généralement rattachés à l'école des filles. Ils comportent une pharmacie et une sœur visiteuse des malades et réunissent à l'assistance des indigents, la vente très rémunératrice des médicaments.

Il est incontestable que des sœurs gardes-malades pourvues du diplôme d'herboriste, après quelques études, pourraient rendre à la population rurale de nombreux services; dans l'état actuel on doit craindre l'ignorance en médecine et en pharmacie et la confiance en elles-mêmes de religieuses qui passent trop souvent du rôle d'auxiliaires à une pratique indépendante et sans contrôle de l'art.

Voici, d'après le Dr Andrieux, quelle devrait être la composition d'un mobilier médical dans chaque commune :

2 baignoires en métal ;
1 baignoire en bois ;
2 bains de siège en zinc ;
2 grandes seringues ;
1 irrigateur ;
1 seringue d'enfant ;
2 bassins plats ;
2 urinoirs ;
2 biberons ;
6 sondes en caoutchouc et 2 mandrins ;
2 œillères ;

2 grosses éponges et 2 petites ;
2 lits en fer se pliant ;
2 matelas en laine et crin ;
4 couvertures de laine ;
4 paires de draps ;
10 mètres de toile à bandes, linge pour compresses et charpies ;
2 fauteuils ;
2 paires de béquilles.

Le tout coûterait environ 500 fr.

HOSPICE CANTONAL

Nous avons dit que l'hospice cantonal était pour nous la base de l'assistance publique à la campagne. Essayons, en l'absence de lois, de circulaires, etc., d'emprunter au sentiment des besoins et aux faits peu nombreux qu'il est possible de recueillir, les règles qui devront être suivies dans l'organisation de ces établissements d'utilité publique.

Si toute commune doit avoir un bureau de bienfaisance, tout canton devrait posséder un hospice proportionné à sa population, ouvert au voyageur sans domicile et au malheureux qui a besoin de recourir aux ressources de l'art chirurgical. Il recevra en trois sections distinctes :

1° Les malades atteints d'affections aiguës chirurgicales ou médicales ;

2º Les vieillards et incurables indigents des deux sexes ;

3º Les orphelins ou assimilés jusqu'à l'âge de l'école et de l'apprentissage, pour quelques-uns, jusqu'à placement dans une ferme, avec engagement jusqu'à 21 ans pour le plus grand nombre.

Tant que le chiffre de ces groupes le permettra, une même direction, une même cuisine et un matériel commun suffiraient à tous les besoins.

Dans chaque chef-lieu de canton, un ou deux pavillons isolés, construits en briques ou en planches, aux frais de toutes les communes du canton, aidées par les secours du département et de l'État, suffiraient aux besoins, en diminuant dans la mesure du possible les frais d'installation.

On a indiqué pour chaque commune la nécessité de deux lits répartis entre les deux salles d'homme et de femme ; mais l'expérience journalière nous démontre que ce chiffre serait insuffisant.

Les dépenses afférentes à la création et à l'entretien d'un hospice cantonal ont été évaluées de la manière suivante par le Dr Roussel :

« Un hôpital cantonal de 20 lits bâti sur le plan le plus modeste, coûterait environ 40,000 fr. de frais de premier établissement, l'entretien de chaque lit ne coûterait pas moins de 4 à 500 fr. par an. »

Il faut ajouter à ces chiffres les frais d'administration qui sont toujours assez élevés.

En 1877, il existait en France 1,543 hôpitaux ou hospices ; le nombre des lits était de 164,245 ; la dépense, de 94,364,662 fr., soit 199 fr. 75 par malade et 574 fr. 50 par lit.

Ces prévisions doivent être multipliées par 2,836, nombre des cantons dont il faudrait défalquer le chiffre inconnu des cantons déjà pourvus.

Budget d'un hôpital communal (Montaigu).

ANNÉES	RESSOURCES	DÉPENSES	NOMBRE des malades	NOMBRE des journées	NOMBRE moyen des journées par malade
1876	7.335 94	7.280 75	42	2.128	50 66
1877	6.843 96	6.688 50	46	1.751	38 07
1878	6.768 42	5 875 60	57	1.640	28 77
1879	6.127 96	6.067 58	75	1.210	14 80
1880	6.120 76	5.608 43	58	1.269	21 87
1881			55	1.216	22 10

Parmi les dépenses de chaque année, nous citerons :

Année 1880

Médecin.	200	»
Literie....	99	40
Blé, farine, pain...	937	55
Viande...	582	87
Vin...	498	»
Épicerie et menues dépenses...	566	15
Linge et habillement...	113	30
Bois, chauffage...	471	90

Le personnel de l'hôpital se compose de cinq sœurs, dont une chargée de la cuisine, et de trois domestiques, dont une femme.

Les dépenses nécessitées par le traitement de chaque malade sont de 96 fr. 69 pour l'année 1880.

Quelle part contributive sera fournie par les communes?

Nous rappellerons ici avec une précision plus grande les services que peut rendre à la création et à l'entretien des hospices cantonaux le système de fondations communales que nous avons préconisées.

Si chaque commune a fourni un capital ou une rente, nul doute qu'elle devra être représentée dans la commission administrative au prorata du nombre de ses lits, et le nombre de ses lits devra être proportionnel au chiffre de sa population, suivant les bases ci-dessus indiquées.

Nous aimons à penser que cet établissement, si voisin du paysan, deviendra l'objet de ses largesses et que des legs d'abord rares puis plus généreux et plus fréquents rendront de plus en plus facile l'extension de cette œuvre féconde.

Un homme de bien m'engage à insister « sur la nécessité de créer l'hospice sur des bases libérales qui lui » permettront de se développer à l'aide de dons et legs, » sans être entravé par les tracasseries administratives. » Voilà sa commission faite.

Le service médical et chirurgical devra se modeler en raccourci sur celui du chef-lieu.

Il faut laisser au médecin, chef de service, le plus possible d'initiative lorsque tout est à créer.

Je noterai seulement ici, comme une conséquence des progrès modernes de la chirurgie, l'utilité d'avoir en dépôt à l'hospice du canton une série de gouttières pour fractures ; elles serviront, le cas échéant, à faciliter le transport des blessés soit chez eux soit à l'hospice, en attendant l'opération ou le bandage définitif.

Avec quelques modifications, la loi sur les hôpitaux et les règlements des hôpitaux et hospices s'appliqueront à l'hospice cantonal.

———

Sur la question des hospices cantonaux comme précédemment, nous ne trouvons à citer que les articles de lois sur les hôpitaux et hospices des villes.

Une législation nouvelle sortira un jour de l'étude nouvelle de besoins jusqu'ici ignorés.

———

SERVICE DES ÉPIDÉMIES

———

Le service actuel des épidémies a été créé en 1805, et le contrôle et la centralisation en ont été confiés à l'Académie de médecine, héritière des privilèges et des charges de la Société de la faculté de médecine et de l'Académie de chirurgie, depuis sa fondation en 1820. Après une période de 76 années, il n'a subi que peu de remaniements par des circulaires ministérielles de 1835 et 1836.

Il suffit cependant de lire les rapports annuels des commissions académiques des épidémies; il suffit surtout d'être, comme médecin des épidémies d'un arrondissement, chargé quelques années de ce service pour en remarquer les défectuosités.

Sans être taxé d'exagération, on peut affirmer :

1° Qu'il est inutile dans nos campagnes;

2° Qu'il n'éclaire que très imparfaitement l'administration;

3º Qu'il est décevant pour l'académie et la science par ses lacunes, ses erreurs et la confiance illusoire qu'inspirent certains rapports.

Je ne développerai pas ces diverses propositions; tout médecin et tout administrateur de bonne foi en reconnaîtront la justesse.

En quoi pèche donc le service des épidémies, et d'abord en quoi consiste-t-il?

Dans chaque département le préfet nomme par arrondissement un médecin dont la mission, sans rétribution certaine, est :

1º De visiter, sur la réquisition des autorités administratives, les localités atteintes d'épidémies;

2º D'y prescrire les mesures hygiéniques et médicales;

3º D'éclairer l'administration sur la gravité de l'épidémie, son extension actuelle et probable, et les mesures prophylactiques et thérapeutiques à instituer.

Au-dessus du médecin des épidémies, l'arrêté avait attribué un rôle aux conseils d'hygiène d'arrondissement, au comité consultatif d'hygiène publique et à l'Académie de médecine. Dans la pratique on sait l'oubli où sont laissés les conseils d'hygiène.

Le préfet charge souvent le médecin du chef-lieu de département de condenser dans un rapport général les documents qui lui sont parvenus pour l'année échue, et ce travail s'appuie en majeure partie sur les bulletins que chaque maire transmet en janvier sur les maladies qui ont sévi dans sa commune l'année précédente.

Un questionnaire leur est adressé à cet effet, mais il ne faut que jeter les yeux sur la série des réponses pour apprécier la nullité, l'incohérence et la fausseté des renseignements ainsi recueillis.

Le médecin des épidémies n'est informé le plus souvent que par les hasards de sa pratique ou de celle de ses collègues de l'existence d'une épidémie.

S'il prend l'initiative, l'administration ne paraît pas disposée à le suivre.

S'il attend, le maire, qui croit son amour-propre de maire et d'habitant engagé par la présence de la petite vérole, du croup, etc., dans sa commune, diffère ses communications au sous-préfet et atténue le mal autant qu'il lui est possible.

Est-ce l'intérêt des populations?

Allons plus loin.

Le médecin a été requis de se transporter à dix ou douze lieues de sa résidence. Il a constaté le mal, donné des avis, dressé un rapport.

Qu'en résulte-t-il? Peu de bien pour les malades et un échange actif de paperasseries entre les communes, le sous-préfet et le préfet.

Quelques remèdes sont enfin mis à la disposition du maire pour les indigents de sa commune; mais comment seront employés ces remèdes, qui en prescrira et en contrôlera l'emploi, qui veillera au progrès en bien ou en mal de l'épidémie constatée? Personne.

Est-ce là une organisation satisfaisante?

Si de la critique nous voulons passer à une esquisse d'organisation utile au malade, à l'administration et à la science, nous nous trouvons obligé de réclamer d'abord un budget sérieux pour une œuvre sérieuse.

Il faut que le médecin des épidémies ne fasse pas le

service à ses dépens ; il faut qu'il puisse demander et faire rétribuer des auxiliaires capables.

S'il est utile que l'administrateur ait près de lui un médecin instruit qui le renseigne sur les questions médicales, il va de soi que ce médecin ne peut, pendant toute la durée d'une épidémie, s'établir à demeure au foyer souvent fort éloigné de sa résidence. S'il doit y faire de nombreux voyages, c'est une dépense trop forte pour lui être imposée et que l'administration élude autant qu'elle le peut.

Mais, à part un petit nombre de cas, est-il bien nécessaire qu'il suive lui-même la maladie et son traitement ? Ne peut-il, en faisant rétribuer leurs services, demander leur concours à ceux de ses confrères des cantons voisins qui lui inspirent le plus de confiance et que leur pratique amène le plus habituellement dans cette région ?

Leur rôle serait :

1º De le tenir au courant par des notes courtes, mais explicites pour lui et assez fréquentes pour satisfaire l'administration, des péripéties d'une épidémie localisée à une, deux ou trois communes ;

2º De surveiller les traitements et l'emploi des remèdes fournis par l'administration ;

3º De faire autant de visites que les circonstances l'exigeraient ; les déplacements moins considérables étant moins onéreux et plus fréquents, les malades seraient vus individuellement.

Dans ces conditions l'administration obtiendra que les bulletins que lui adresse le maire soient contrôlés par le médecin auxiliaire du canton.

Dans une colonne spéciale, ce praticien rétablira la juste

appréciation des faits, adressera le tout avec ses observations personnelles au médecin des épidémies qui en fera l'objet d'un travail d'ensemble destiné au préfet et à l'Académie de médecine.

Reste un point capital :

Quel sera le point de départ de cette organisation, à qui reviendra l'initiative des visites et des informations à l'administration ?

Nous pensons que l'on ne peut trop multiplier les moyens d'information. A côté des maires si souvent négligents, nous voudrions confier à diverses personnes et spécialement au corps des instituteurs bien informés, en général, le soin d'appeler l'attention de l'autorité et de provoquer une enquête sur une maladie encore au début.

Si on organise partout l'inspection médicale des écoles destinée à faire prévaloir près des maîtres et des populations la pratique, si importante pour l'avenir des enfants, et si négligée jusqu'à ce jour, de l'hygiène scolaire, ce service sera avec avantage rattaché à celui des épidémies et facilitera singulièrement les recherches, les informations et l'action du corps médical.

Législation.

Arrêté du 2 mai 1805.
Circulaire du 30 septembre 1813.
Décret du 13 avril 1861.
Création de l'Académie de médecine.
Ordonnance du 20 décembre 1820.
Fondation de l'Académie de chirurgie 1776.

CONCLUSION

Arrivé au terme de cette première étude, après avoir parcouru rapidement les institutions existantes ou désirables d'assistance publique aux indigents malades, nous sommes heureux d'appuyer nos revendications de l'opinion, à coup sûr désintéressée, d'un homme qui a jeté sur tous les sujets qu'il a traités les lumières de son intelligent patriotisme.

M. Thiers, en 1849, dans un rapport sur l'assistance publique s'exprimait ainsi :

« Ce n'est pas une inutilité, une vertu sans application que la bienfaisance d'une nation. S'il faut pour soulager la misère la bienfaisance individuelle, il faut aussi la bienfaisance publique ; car l'une et l'autre dans leur grande extension, dans leur plus vif élan de bonté, suffiront à peine, non pas à supprimer la misère, mais tout au plus à la diminuer.

Il y a des maux isolés, accidentels, auxquels la bienfaisance privée est chargée de pourvoir avec ses mouvements spontanés et délicats ; il y a des maux généraux affectant des classes entières, auxquels il faut appliquer la bienfaisance de la société elle-même, l'assistance publique en un mot, telle que la définit la constitution de 1848. »

S'il fallait à ces sages conseils ajouter l'aiguillon tout-puissant de l'intérêt personnel, je dirais à la bourgeoisie française :

Depuis 1789, vous avez pris à juste titre le rôle du pilote, et si depuis quelques années on sent flotter dans vos mains la barre du gouvernail, vos traditions et les exemples de vos prédécesseurs, sous tous les régimes, vous dictent votre devoir.

Serait-il sage, serait-il prudent en ce temps de suffrage universel et de démocratie militante, de vous désintéresser de la cause de vos frères des champs et de l'atelier, de vous retirer comme le rat du fabuliste dans la jouissance égoïste d'un bien-être même légitime, et d'abandonner le patronage et la direction des *malades* et des *indigents* si nombreux en France, à des mains qui se tendent pour les saisir ?

Réfléchissez à ce mot :

Salus populi suprema lex.

Pontivy, le 8 février 1888.

ÉTAT de renseignements à joindre aux demandes de secours formées par des établissements charitables sur le crédit ouvert au Ministère de l'intérieur.

Circulaire du Ministre
de l'intérieur
du 31 décembre 1852
et 30 août 1853.

(Recueil de la préfecture 1854, n° 32.)

NOMS DES ÉTABLISSEMENTS	POPULATION DE LA COMMUNE	NOMBRE des INDIGENTS à secourir	NOMBRE des INDIGENTS secourus	DÉPENSES ANNUELLES	RESSOURCE en REVENUS, dons, souscriptions quêtes, etc.	SUBVENTIONS ACCORDÉES PAR		TOTAL des RESSOURCES	SECOURS SOLLICITÉS
						l'État	la commune		
Hôpital.	8.096	120	120	26.763 46	18.884 88	400 »	7.000 »	26.284 88	
Bureau de bienfaisance.	8.096	532	532	7.227 72	4.153 15	100 »	1.800 »	6.053 15	
Maison de Ste-Eugénie servant d'asile de vieillards.	8.096	79 au dépôt 297 en ville	79 au dépôt 297 en ville	8.555 52	8.374 99	200 »	» »	8.574 99	

TABLE DES MATIÈRES

LA DEUXIÈME ÉDITION COMPRENANT :

1º La première partie. — Indigents malades.

2º La deuxième partie. — Indigents valides (en liberté et en réclusion).

3º Les extraits utiles de la législation.

Paraîtra prochainement.

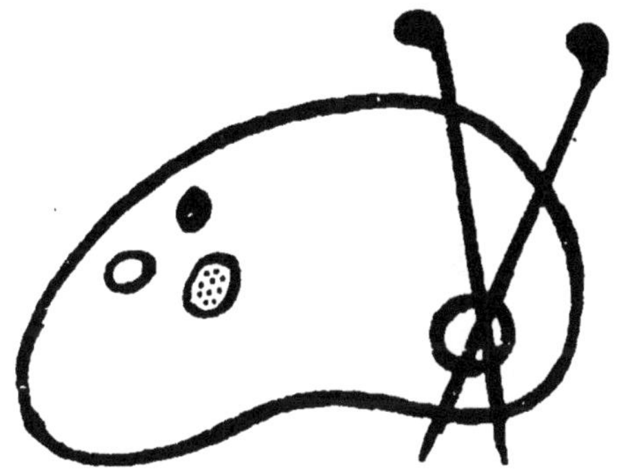

Original en couleur

NF Z 43-120-8

**BIBLIOTHÈQUE
NATIONALE**

CHÂTEAU
de
SABLÉ

1991